ANDRÉ IBELS

Libérons la Géorgie !...

PRIX : 1 FRANC

ÉDITEUR

UNION SYNDICALE DES ÉCRIVAINS PROFESSIONNELS

PARIS

1919

Libérons

la Géorgie!...

ANDRÉ IBELS

Libérons la Géorgie !...

PRIX : 1 FRANC

ÉDITEUR

UNION SYNDICALE DES ÉCRIVAINS PROFESSIONNELS

PARIS

1919

Du même Auteur :

Les Chansons Coloriées

Les Cités Futures

Le Livre du Soleil

L'Arontelle

Samhel, au temps de Jésus

Le Sonnet

Autour de la Lampe

Avant Lui

La Traite des Chanteuses

Les Demi-Cabots

Libérons la Géorgie!...

——···∞···——

Les mots, comme les noms,
portent quelquefois en eux la
douceur des hommes, des choses
ou des pays qu'ils désignent.
GÉORGIE !

Où trouver syllabes plus claires, plus chantantes
que celles qui dénoncent encore à la mémoire
oublieuse des hommes la Contrée Sacrée où
l'Unique Divinité, le Septième Jour, plaça une
partie de son Paradis Terrestre dans le même
temps qu'il ouvrait les yeux au Premier Être :
Adam, afin que celui-ci, dans une paix profonde,
pût jouir du Jardin merveilleux dont les dernières
marches s'en allaient mourir aux portes du Ciel.

Riche déjà de la plus belle et de la plus pure
Légende encore chère à l'Humanité, la Géorgie,
en noblesse historique peut étaler — outre son
existence de près de 5.000 années — les titres les
plus glorieux de son fastueux passé.

Pourtant, une malédiction inexplicable semble toujours planer sur la Contrée Sacrée. Fût-elle prononcée par l'Ange à l'épée flamboyante dont le geste glaça d'horreur et d'épouvante les Premiers Exilés? Toujours est-il que, brusquement, son histoire à travers les siècles s'arrête quelquefois pendant des périodes plus ou moins longues : la Géorgie subit le maître! Mais cette passivité n'est que momentanée. Avide seulement de sa liberté, à chaque occasion qui s'offre, elle secoue ses chaînes, arrache son joug et pousse son cri de délivrance.

HISTORIQUE

Son premier roi Thagarmos était un contemporain de Nemrod, petit-fils de Cham, qui fondait Babylone vingt-cinq siècles avant notre ère.

La Géorgie dut se soumettre, pour la première fois, à Alexandre (303 av. J.-C.). Après la mort du conquérant, les Géorgiens élurent pour chef Pharnabaze, descendant de leurs anciens rois. Celui-ci fit alliance avec Antiochus, roi de Syrie. Artacès fut l'allié de Mithridate mais, vaincu par Pompée (65 av. J.-C.), il se soumit, cette fois aux Romains.

Néanmoins la Géorgie à travers ses vissicitudes conserve ses rois. Ce sont les Arsacides qui la gouvernent de (71 av. J.-C.) à 242 de notre ère; puis, après, les Sassanides.

Le christianisme est introduit en Géorgie en l'an 280. Il y remplace le culte des astres.

Depuis bien des siècles, néanmoins, la Géorgie se trouvait en étroit contact avec les civilisations avancées. Celles de Rome et principalement celle d'Athènes lui étaient parfaitement connues. Nul doute même que c'est par elle que dut se transmettre d'Asie la jolie légende de la Vierge Bleue, dont on retrouve, dans le catholicisme principalement, tous les éléments scripturaux y compris la Visitation et le mystérieux enfantement. Le christianisme, prêché au iv° siècle, devait s'y développer séculairement, d'autant que le Platonicisme et le retour à l'idée « d'un Dieu unique » avait gagné tous les peuples voisins de la patrie de Socrate.

Dans cette terre propice à toutes les cultures, les idées byzantines elles-mêmes ne tardèrent pas à fleurir. L'esprit national s'affirma donc dans le domaine des Lettres et des Arts et l'Église autocéphale et l'État ne purent qu'y gagner dans l'avenir.

Au vi° siècle, Chosroès Nouchirvan détrône Bakour IV et donne aux Géorgiens un roi de sa famille (568).

Les Géorgiens, les plus civilisés des peuples orientaux d'alors avaient résisté aux armées victorieuses des Arabes, mais en 732, Merwan, devenu calife, étendit sa domination au delà du Kour : et la Géorgie, pour la troisième fois, dut subir l'étranger et devenir une province de califes.

Après cent vingt années de servage, les Géorgiens parvenaient encore à reconquérir la liberté.

Mais les peuples musulmans voisins, jaloux de la prospérité paradisiaque de cette contrée, jaloux surtout de cette civilisation raffinée, se vengeaeint par l'invasion.

C'est la beauté de cette race, d'une part, la fertilité de ce sol, d'autre part, qui donnent la raison de toutes ces invasions.

Malgré toutes ces luttes que ce pays fut dans l'obligation de soutenir, il était parvenu à se conserver physiquement pur... mais au prix de quels sacrifices ! Cette résistance admirable s'explique par la force vitale de la race forgée par les siècles, par sa civilisation presque religieusement gardée au milieu des différentes dominations — toujours dangereuses — qu'il eut à subir de la part du barbare, et, surtout, par la conservation de la conscience nationale, indomptable et indestructible chez le Géorgien. Les efforts n'ont-ils pas constamment tendu à briser les entraves qui le reliaient à l'Islam et à tendre tous ses désirs vers la culture de l'Europe occidentale ?

La Géorgie connut ainsi des époques florissantes dont les traces restent impérissables. Sa littérature et son architecture en attestent. C'est au XIIIe siècle sous le règne de la reine Thamar que se déroula la période la plus glorieuse de son histoire.

Mais la brutalité turque, dont le monde européen n'a pu que se plaindre depuis la chute de Byzance (et que la victoire actuelle va rejeter à jamais — espérons-le — par delà la chaîne asia-

*

tique), cette brutalité, triomphe, et élève une barrière infranchissable. La Géorgie implore l'Etat Moscovite, alors tout puissant, et un traité est conclu entre Irakly II de Géorgie et Catherine II de Russie, *traité qui met la Géorgie sous le protectorat de l'Empire tzariste* (1783). Hélas ! Le loup allait chercher à dévorer l'agneau.

Le fils d'Irakly, Georges XIII, en mourant, signait l'acte qui allait mettre désormais les Etats Géorgiens à la merci de l'empereur Paul.

Alexandre Ier de Russie ne devait pas tarder à dénoncer le *protectorat*, en promulguant — en 1801 — le manifeste sur l'annexion de la Géorgie orientale. Cette annexion aussi lâche, cruelle qu'injuste, fut suivie d'une série d'actes analogues, arbitraires et unilatéraux, concernant les autres parties de la Géorgie.

Aussi, pendant près de quarante années, la domination russe plongea-t-elle ce peuple, *né libre*, dans une sorte de stupeur et de torpeur, signes évidents des peuples fatigués par les malheurs séculaires.

Toutefois, cette indolence n'empêcha point les Géorgiens d'enterrer les derniers vestiges d'une Géorgie féodale, religieuse et monarchique et de s'éprendre d'autres idéaux chers à la culture européenne, entr'autre, l'*idéal démocratique*.

Malgré des ukases successifs en 1861, qui, transforment la Géorgie *en provinces... russes*, la Géorgie, instruite dans le malheur, fait des progrès sensibles dans le domaine économique et ne tarde pas à devenir le facteur politique fondamental de tout le Caucase.

A la première Révolution, 1905-1906, elle se dressera anxieuse dans l'attente des événements. La maturité de ses forces démocratiques, sa discipline, pliée à l'épreuve, lui démontreront qu'elle est prête à reconquérir son indépendance.

Le 3 août 1914, lorsque la guerre — qui allait devenir mondiale — éclate, la Géorgie, comme l'Alsace, comme la Lorraine, comme la Pologne, comme la Lithuanie et comme toutes les patries asservies par le sauvage ou le plus fort, sent confusément que de cette immense et atroce boucherie sortira radieuse la liberté tant désirée !

La Géorgie prend vaillamment ses charges de guerre et fournit 200.000 de ses enfants (sur 3.500.000 habitants !) et s'oppose, un peu plus tard, de toutes ses forces, à l'entrée. des armées turques dans les territoires transcaucasiens. Malheureusement, la désorganisation du front russe est complète, et il n'est plus temps d'arrêter la retraite désordonnée des unités russes pour les remplacer par des unités locales et constituer un nouveau front résistant.

Pourtant cette offensive turque du printemps

1918 a servi d'épreuve à la solidarité politique des peuples de Trauscaucasie.

*
* *

La République Transcaucasienne, proclamée par la Diète Transcaucasienne le 18 avril 1918, n'est qu'éphémère. La Géorgie voyant que Batoum et Aktraltsikhé et Akhalkalaki vont tomber aux mains des Turcs, *se voit enfin dans la nécessité de se constituer en État distinct.*

Le 26 mai 1918, l'indépendance de la Géorgie est proclamée à Tiflis par son organe représentatif : le Conseil National ; et, immédiatement, on organise une résistance destinée à endiguer l'avance des Turcs.

Hélas ! les communications avec les Puissances alliées sont coupées ; et, battue militairement, la Géorgie se trouve soudain en face de sa pire ennemie héréditaire : la Turquie. Cette dernière lui adresse un *ultimatum*, duquel devait découler l'occupation turque dans toute la Géorgie.

C'est dans ces conditions, aussi désastreuses que pénibles, que la Géorgie fut forcée d'accepter le concours de l'Allemagne qui lui proposait l'arrêt turc aux limites assignées par le traité de Brest-Litowsk.

Tout danger pressant semblait écarté lorsque

parurent des tentatives d'émeutes bolchevistes fomentées par des soldats russes, retour du front, et des émissaires turcs. Le Gouvernement Géorgien, *fort de l'appui du peuple*, put avoir rapidement raison des détachements bolchevistes. L'ordre fut immédiatement rétabli et la République Géorgienne sut lever une armée qui doit la défendre et contre le retour du tzarisme et aussi contre le bolchevisme qui semble, par là, jouer le jeu bizarre et compliqué d'intérêts multiples et souvent assez contradictoires.

La Géorgie, ne l'oublions pas, c'est la porte ouverte de l'Europe de l'Est sur l'Asie Mineure. Cette porte est l'objet de pas mal de convoitises (1). Néanmoins, messieurs les Financiers, ces grands Internationaux, en seront, espérons-le, pour leurs frais, car ce vaillant petit peuple est bien décidé à faire reconnaître sa République *de pure essence démocratique et à obtenir la sanction internationale de son indépendance si longtemps et si fervemment attendue.*

Pour cette œuvre de libération, les démocraties seront prêtes à lui prêter leur concours le plus fraternel. D'ailleurs, la formule wilsonnienne en mettant à l'ordre du jour la question des nations opprimées, leur laisse le droit absolu de régler

---

(1) Entre autres les mines de Bakou (pétrole).

cette question à la libre expression de leur volonté et conformément à leurs intérêts vitaux.

Sur la base reconnue du droit des peuples de disposer d'eux-mêmes et de décider librement de leur sort politique, la Géorgie — comme tant d'autres peuples — au nom de son passé historique, en souvenir de ses injustes souffrances endurées à travers les siècles, en se proclamant libre, sollicite et obtiendra la protection et la reconnaissance internationales.

L'Assemblée Constituante Géorgienne siège à Tiflis depuis le 12 mars 1919 (1). Cette Assemblée dont les membres sont élus au suffrage universel suivant les principes démocratiques, est chargée d'élaborer la constitution de la jeune République.

(Voir la carte placée à la fin du volume.)

---

(1) « L'éclat de la séance d'ouverture, empreinte d'un caractère solennel, dit un communiqué, fut rehaussé par la présence du Gouvernement Géorgien et des représentants de la Grande-Bretagne, de la France, des États-Unis, de la Suisse, de la Grèce, de l'Espagne, du Danemark, de la Pologne, de la Livonie, de l'Ukraine, de la Perse, de l'Arménie et des autres Républiques voisines. »

QUAND LA GÉORGIE SERA LIBÉRÉE. .

Quand la Géorgie sera libérée, elle rentrera sur la scène du monde par la grande porte. Comme une grande dame, ses titres, son passé historique et ses relations de tous temps avec les intellectuels de tous lieux lui permettent d'y faire bonne figure.

La Géorgie ne demande même pas le rétablissement de ses frontières au temps de sa puissance (1), c'est-à-dire à l'époque ou s'achevait la formation de l'unité politique du pays, au XIIIe siècle, où l'Etat Géorgien se trouvait dans le plein épanouissement d'une culture dont les traces sont restées nombreuses, tant dans les œuvres littéraires et les monuments que dans la tradition toujours vivante chez les peuples à race pure.

Non.

Sur le territoire de la Transcaucasie se sont formés, outre la Géorgie, deux autres États :

---

(1) La Géorgie, au temps de son indépendance et de sa prospérité, était bornée au nord par le Caucase qui la séparait de la Circasie ; à l'ouest, par la Mer Noire ; au sud, par l'Arménie et le cours inférieur du Kour ; à l'est, par le Daghestan et le Chervan et à certaines périodes par la mer Caspienne. Elle avait pour capitale Tiflis et comme villes principales Koutaïs, Batoum, etc.

l'Etat Tatare, à l'est, qui s'étend jusqu'à la mer Caspienne (ex-gouvernement de Bakou et d'Élisavetpol) et l'Arménie, au sud, qui va jusqu'aux frontières de la Turquie et de la Perse (ex-gouvernement d'Érivan).

Si — comme on est en droit de l'espérer — l'État Tatare et l'Arménie forment définitivement des corps politiques indépendants, les liens économiques étroits qui pourront exister entre elles et la Géorgie revêtiraient la forme d'une organisation juridique : celle de la **Confédération**.

Et alors, probablement, dans l'avenir, les peuples montagnards qui vivent au delà de la Chaîne viendront se joindre à la Confédération des Trois-États.

L'AME INDÉPENDANTE DE LA GÉORGIE

La Géorgie libre et indépendante fut — au lendemain même de l'annexion à la Russie — le rêve des patriotes géorgiens. Leurs manifestations, quoique purement platoniques, ne laissent aucun doute à cet égard. Depuis 1900, un Comité géorgien s'est constitué à Paris, et son organe, *La Géorgie*, commença à défendre la cause de la Géorgie affranchie et indépendante.

L'ère constitutionnelle de 1905-1906, en Russie, facilita cette tâche ardue. Partout, dans les réunions publiques, au sein des Conseils municipaux et même à la tribune de la Douma de l'Empire russe, la protestation contre le rapt opéré de la Géorgie fut formulée. En 1907, la nation géorgienne adressa une pétition à la Conférence de la Paix, à la Haye, en demandant le rétablissement de ses droits équitables. Il s'agissait de restaurer la Géorgie *une et indivisible,* dont le droit public russe supposait précisément l'existence, puisqu'il conférait à l'empereur de toutes les Russies le titre *usurpé* par son aïeul de roi (tsar) de Géorgie (1).

---

(1) Les tsars, dans leur blason, allaient jusqu'à mettre les armoiries de la Géorgie.

La Révolution de 1917 changea radicalement les conditions de la vie politique de la Géorgie comme elle changea, d'ailleurs, toutes les conditions de la vie politique dans toute la Russie.

La ferme volonté de faire valoir ses anciens droits violés, mais imprescriptibles, fut unanime. Déjà, au mois de mars 1917, l'autocéphalie de l'église géorgienne (soumise depuis 1811 à l'église synodale russe) avait été proclamée par le Conseil des évêques de Géorgie et son église était rentrée de plein droit en jouissance de ses prérogatives canoniques, suspendues depuis le vol de ce pays par le tsar Alexandre Ier. En même temps, la Géorgie voyait revivre ses anciens droits politiques. Au mois de mars 1917, un comité spécial pour la Transcaucasie fut créé, muni de toute l'autorité gouvernementale. Un pas pratique était donc enfin fait pour restaurer l'autonomie de la Géorgie, gouvernée maintenant de Tiflis, dont elle a fait sa capitale (et non de Pétrograde). La Géorgie allait être gouvernée par *ses hommes politiques* élus par la démocratie la plus saine et la plus pure.

... DE LA DÉMOCRATIE GÉORGIENNE

La démocratie géorgienne est sage. La révolution bolcheviste de novembre 1917 n'a pas été acceptée par les populations de Transcaucasie, dont le gouvernement, déjà fortement décentralisé lors de la première révolution russe, devint en fait indépendant.

Après la dissolution de l'Assemblée Constituante de la Russie, une diète transcaucasienne fut formée à Tiflis et l'indépendance de ce pays fut solennellement proclamée par la Diète le 22 avril 1918 et dûment notifiée aux Puissances.

Les différentes parties de la Transcaucasie commencèrent à s'organiser en unités politiques. Un congrès national géorgien se réunit en novembre 1917 et le *Conseil National* prit dans ses mains la direction des affaires publiques. Il était alors intimement lié au gouvernement de la Transcaucasie ainsi qu'à sa diète, dont la section géorgienne, élue par le suffrage universel, entrait de plein droit dans les rangs du Conseil National Géorgien.

*
* *

L'indépendance de la République fédérative Transcaucasienne fut proclamée (22 avril 1918), la suite des événements a démontré aux Géorgiens — comme aux autres — qu'il fallait changer le procédé employé et commencer par l'organisation des éléments constitutifs, dont la réunion pourrait former plus tard la Transcaucasie confédérée.

Les armées turques ayant occupé, contrairement aux stipulations de la Paix de Brest-Litowsk, les districts de Batoum, de Kars et d'Ardahan, l'Arménie russe et la Tatarie forcèrent la diète transcaucasienne, à l'unanimité, à se dissoudre. La Géorgie, poussée par ces circonstances extérieures, et dans l'ordre d'esprit ci-dessus mentionné dut proclamer son indépendance absolue (décision du Conseil National du 26 mai 1918).

A cette époque — comme lors de la déclaration du 22 avril — aucune autorité *russe*, aucun établissement *russe*, aucune organisation *russe* ne restaient en Géorgie. L'État russe brillait en Géorgie par son absence! La Géorgie, pour vivre, se vit donc bien forcée de constituer un gouvernement. Cet exemple fut, tout de suite, suivi par l'Arménie et la Tatarie.

Par ce qui précède, on peut donc conclure que l'indépendance de la Géorgie, ainsi que la République de Géorgie, furent constituées par le Conseil National issu de la Démocratie et que l'indépendance, aussi bien que la forme du gouvernement de la Géorgie doivent être considérées comme un gouvernement national, dont l'autorité ne saurait être attaquée, en toute justice, pas plus que l'efficacité mise en doute. Il en est de même pour le Conseil National, qui est une représentation aussi fidèle qu'*adéquate*.

RÉSUMÉ DE LA QUESTION

On peut résumer les données ci-dessus spécifiées comme il suit :

1° Incorporée à la Russie par suite de manœuvres déloyales contrairement aux arrangements internationaux conclus par les dynastes géorgiens, la Géorgie, jamais conquise par la force des armées russes, restait, même sous la domination imméritée de la Russie, un organisme national vivant, n'attendant que l'heure propice pour faire valoir ses droits nationaux imprescriptibles, ainsi que ses revendications politiques et nationales.

2° Restée fidèle à la Russie PENDANT LA GRANDE GUERRE, jusqu'à la conclusion de la paix honteuse de Brest-Litowsk, la Géorgie ne put ensuite assister sans réagir aux actes du Gouvernement russe, ouvrant la frontière du pays à l'ennemi, c'est-à-dire aux envahisseurs et lui cédant PAR UN TRAITÉ les provinces géorgiennes !!! Se voyant ainsi abandonnée à son propre sort par la Russie, après l'anéantissement complet de l'État Russe en Transcaucasie, la Géorgie contribua d'abord à la consolidation du **régime** d'État indépendant en Transcaucasie entière, pour procéder ensuite à la constitution de son propre État, libre par la force des événements de tout engagement envers la Russie.

3° Ayant ainsi repris l'exercice de ses droits suspendus pendant tout le temps de la domination russe, le peuple géorgien entend maintenant organiser son État et ses rapports internationaux d'une façon qui lui garantisse la jouissance assurée et durable de ses droits enfin reconquis, pour le bien de la Géorgie et pour celui du Caucase.

LA RACE GÉORGIENNE

La Géorgie ne saurait en aucun cas retourner à la Russie. Ce serait une contradiction avec les vœux et l'idéal de toute sa nation. Le retour de l'autorité russe — quelle qu'elle soit dans l'avenir — ne serait justifié ni au point de vue ethnographique, ni au point de vue géographique... et moins, encore et surtout, au point de vue économique et politique.

Le peuple Géorgien n'a aucun lien de parenté, ni avec la race slave en général, ni même avec le peuple russe en particulier.

Il y a mieux. Le peuple Géorgien possède sa langue, son histoire glorieuse ; et sa littérature propre, se développe *indépendamment*, et cela depuis des siècles.

Géographiquement, la Géorgie est séparée de la Russie par l'immense chaîne du Caucase dont le passage principal, celui du Darial, se trouve inclus dans les limites du territoire Géorgien.

Il existe peu de frontières aussinaturelles.
Pendant les cinq mille ans de son existence

historique, la Géorgie s'est trouvée rarement en relations quelconques avec la Russie.

La seule fois qu'elle eut recours à sa... protection, mal lui advint.

POINT DE VUE COMMERCIAL & FINANCIER

Les peuples entreprenants d'Europe et du nouveau continent, se sont toujours servis de la Géorgie comme pied à terre pour étendre leurs relations en Asie. C'est le carrefour des routes européennes s'en allant vers l'Asie. Ainsi, l'ancienne Phasis : POTI, est un port commercial important avec deux kilomètres de quais de 7 ^{m}, 92 à 8 ^{m}, 60 de profondeur et avec un vaste réseau de voies ferrées et toutes sortes de hangars. Il existe déjà dans ce port un élévateur pouvant *transborder* quotidiennement 300.000 pouds de manganèse. POTI est le port de la Mer Noire le plus rapproché, non seulement de la Caucasie, mais aussi de la Perse et de l'Asie centrale. POTI est relié à son hinterland par les *Chemins de fer Transcaucasiens* (800 km) via directe de Poti à Bakou par Tiflis. D'autres chemins de fer desservent Poti en passant par les houillères de Tkhibouli, par les gisements de manganèse de Tchiatouri, par les eaux minérales de Borjom et par la station climatérique de Bakouriani, etc., etc. (1)

Outre les céréales, le maïs et les fruits exquis, la Géorgie produit le coton, la soie, le tabac, la laine, les peaux, les vins les plus rares sans compter l'exploitation de ses 800.000 hectares de forêts presque vierges. Batoum, avec son magnifique port, promet un avenir splendide à l'exploitation forestière et à l'industrie métallurgique. Le bassin du Tchorok et de ses affluents contient en plus de ses riches forêts des mines inépuisables de cuivre, de zinc, de manganèse, etc. Enfin, on voit qu'il reste tout de même quelque chose de l'ancien Paradis... sans compter la houille blanche dont nos premiers pères ne connaissaient ni les avantages... ni les désavantages.

Bref, le Gouvernement de la République Géorgienne compte établir — sitôt son indépendance et sa forme de gouvernement reconnues par les puissances — pour son industrie aussi bien que pour ses voies et moyens de communications: chemins de fer, nouveaux ports, marine commerciale, etc.

*
* *

D'après les rapports présentés au Conseil Na-

---

(1) Il serait trop long dans cette brochure d'énumérer tous les chemins de fer géorgiens.

tional de Géorgie par sa commission financière et basés sur les données des derniers exercices, les revenus de l'État Géorgien — même en temps de guerre ! — couvraient facilement et au delà toutes ses dépenses ordinaires.

La Géorgie a donc la certitude qu'avec le rétablissement des relations économiques internationales, l'exploitation des richesses naturelles de cette merveilleuse contrée, elle atteindra son épanouissement complet.

? ? ?

Des bruits de *protectorat*, concernant la Géorgie, circulent quelquefois en haut lieu.

Ce *protectorat* serait offert par l'Angleterre.

Certes, celà vaudrait mieux que le protectorat de n'importe quel pays et surtout celui de la Russie.

Mais pourquoi un *protectorat* ? De deux choses l'une : Ou la *Société des Nations* existera ou elle n'existera pas.

Si elle existe, cette *Société des Nations*, les questions de protectorat n'ont plus à intervenir.

Si elle n'existe pas... c'est que nous n'aurons pas su profiter de la victoire pour étrangler à jamais les guerres entre les peuples. Et, en ce cas, pleurons toutes les larmes de notre corps et ne nous laissons jamais plus entraîner dans les voies les plus pures de l'enthousiasme... patriotique.

Si la *Société des Nations* existe, il ne peut être question de *protectorat*.

Mais la *Société des Nations* n'existe pas ?

Existera-t-elle ?

Que l'on ne crie pas à l'impossibilité. Les rêves sont du domaine de l'utopie et l'utopie c'est le vieux paradis — vraiment terrestre, celui-là — non seulement de la Géorgie, mais encore de tous les peuples.

Si la *Société des Nations* n'existe pas, il faut la créer; car si elle n'existe pas, ce sera la faute des gouvernements qui, enlisés dans les sables des vieilles formules diplomatiques, n'oseront point tenir à tous les peuples la promesse solennelle d'une paix universelle imposée, même par des armées internationales (1).

---

(1) M. W.-F. Morton Fullerton, dont on connaît les admirables travaux d'avant-guerre — prophétiques, hélas ! — *les Grands Problèmes de la Politique Mondiale* et dont le livre : *Les États-Unis et la guerre*, fut un fort levier qui nous amena le secours de ses compatriotes américains, disait, dernièrement, dans un comité amical, et avec juste raison : « La Société des Nations ne peut être viable que si, derrière elle, peut fonctionner, le cas échéant, un *mécanisme meurtrier* ». Et il avançait cette idée : « Jusqu'à nouvel ordre, que les avions, armes terribles, soient *uniquement* entre les mains de cette armée internationale et le premier « voyou » qui aura des velléités conquérantes pourra être châtié. Sacrifier à la paix générale de la terre un plaisir, un sport, et même une utilité commerciale serait, après tout, fort compréhensible ». C'est peut-être trop simple. *(Note de l'auteur)*.

Déjà, en tous cas, à regret, on est en droit de constater que la Société des Nations, devenue Ligue des Nations, a des tendances à se fixer sur un titre gros de conséquences futures : la *Ligue des Alliés*.

Mais déjà, aussi, le syndicalisme de tous les pays proteste avec raison contre ce tour de passe-passe qui semblerait être opéré en faveur des classes capitalistes.

La guerre à la guerre fut promise. Mieux vaut — dans le cas où les Gouvernements vainqueurs ne se croiraient pas en mesure de tenir leurs promesses — mieux vaut la guerre contre les Gouvernements devenus oppresseurs et au service d'une classe privilégiée.

Ce que les Alliés — tous les Alliés — ont le droit d'attendre se résume en quatre phrases :

1° *La Société des Nations*, telle qu'elle fut demandée et exposée par M. Wilson ;

2° *Le désarmement ;*

3° *La diplomatie publique ;*

4° *Respect des droits des peuples, les plus fort comme les plus faibles.*

La paix ne saurait se préparer dans le mystère pas plus que le sort des peuples ne doit se régler dans l'ombre.

Tous les foyers du monde entier attendent anxieusement le verdict de la Conférence.

Une *seule injustice* suffirait à briser l'équilibre tant cherché.

____

CONCLUSION

A l'heure grave où se décide la paix du monde, il importe que soient pesés tous les événements, même ceux qui, *a priori*, intéressent des peuples que nous connaissons fort peu et souvent même pas du tout.

Ces petits peuples ne sauraient être victimes de notre ignorance.

Une question de Serbie a déclanché le grand mouvement tragique de la dernière guerre. Ne l'oublions pas.

N'oublions pas non plus qu'à l'Est-Européen de terribles orages sont susceptibles de s'amasser si notre sagesse, ne surmontant pas notre ignorance et notre indifférence, ne les dissipe par tous les moyens présentement en nos mains de vainqueurs.

La liberté de la Transcaucasie et la liberté du plus vieux peuple de la terre : la Géorgie, s'imposent non seulement au nom de l'Humanité, de la Justice la plus élémentaire, mais surtout au nom des responsabilités que les vainqueurs d'aujourd'hui pourraient, par la suite, encourir devant l'Histoire.

Et puis, nous qui avons trouvé odieux la conduite de l'Allemagne, quand elle nous enlevait nos deux provinces après 1870, pourrions-nous — sans être odieux nous-mêmes — refuser l'indépendance à un brave petit peuple subtilisé crapuleusement, il y a un siècle, par la Russie sous les yeux indifférents ou intéressés d'une diplomatie européenne qui, dans l'ombre, proposait, acceptait ou ratifiait les actes les plus honteux et souvent les plus incohérents, dans l'espoir qu'en retour elle bénéficierait, le cas échéant et, par la suite, d'avantages aussi illicites qu'infâmes ?

La Géorgie a été jadis la victime innocente de la Diplomatie Secrète ; que la Nouvelle Diplomatie, qui travaille démocratiquement sous les yeux du monde entier — du monde assoiffé de justice et d'espérance — rachète cette faute abominable et exécrable.

C'est son droit... mais c'est surtout SON DEVOIR.

Vive l'indépendance de la Géorgie !

Vive la jeune République géorgienne !

IMPRIMERIE CHAIX, RUE BERGÈRE, 20, PARIS. — 6590-4-19. — (Encre Lorilleux).

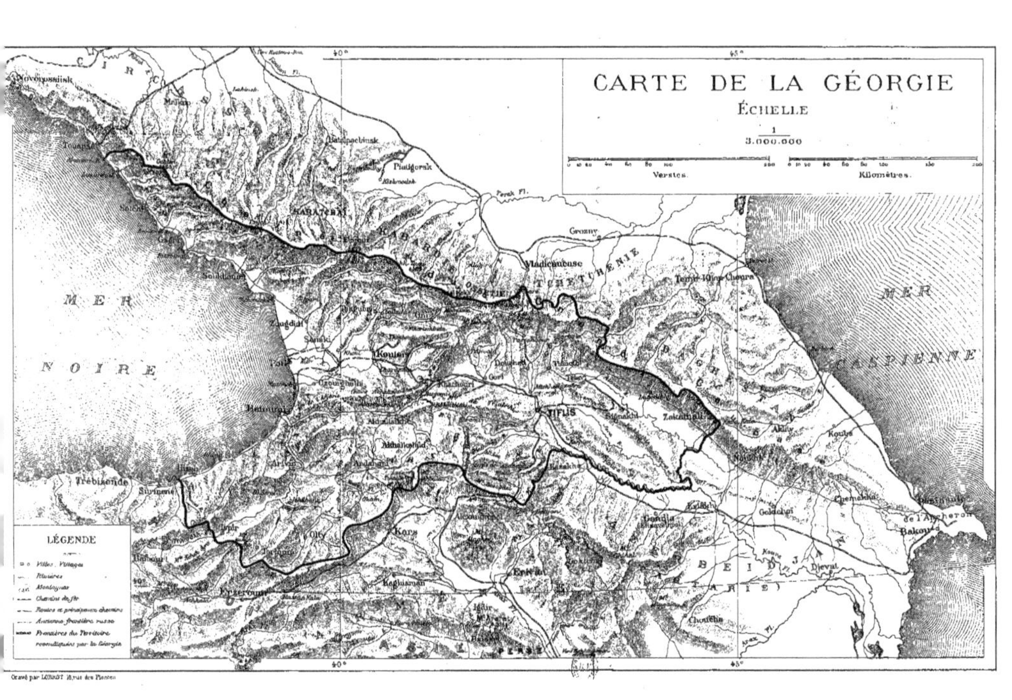

CARTE DE LA GÉORGIE
ÉCHELLE
1
3.000.000
Verstes.
Kilomètres.
LÉGENDE
Villes, Villages
Rivières
Montagnes
Chemins de fer
Routes et principaux chemins
Ancienne frontière russe
Frontières du Territoire
revendiqué par la Géorgie
MER NOIRE
MER CASPIENNE
CIRCASSIE
TCHÉTCHÉNIE
DAGHESTAN
PERSE
Novorossiisk
Touapse
Soukhoum
KARATCHAI
Maïkop
Batalpachinsk
Piatigorsk
Kislovodsk
Terek Fl.
Grozny
Vladicaucase
Temir-Khan-Choura
Poti
Koutaïs
Batoum
Trébizonde
Akhaltsikh
TIFLIS
Zakataly
Gori
Kars
Erivan
Goktcha
Chemakha
Bakou
Presqu'île de l'Apchéron
Dieval
Choucha
Gravé par LEBÈGUT, 33, rue des Plantes

IMP. CHAIX — PARIS

6592-4-10.